Agradecimientos

Agradezco mi vida y no precisamente porque haya sido fácil, sino porque ella (mi vida) es la verdadera constructora de mi perseverar hasta aquí.

Hoy sé que aciertos y errores me han guiado al lugar donde me encuentro, han despertado mi sed espiritual, mi necesidad de evolución, mi fortaleza y vulnerabilidad.

Así pues, gracias a mis padres y a todos aquellos que fueron antes que yo por permitirme llegar a este plano. Honro vuestra memoria, reconozco vuestros valores, muestro mi agradecimiento y me alejo de aquellas creencias que ya no me sirven, en plenitud, amor y compromiso.

M.ª Teresa Corroto

«Confía en el proceso, el día que siembras la semilla, no es el mismo que comes la fruta».

PETIT BALLET

¡Recibe la bienvenida!

Aquí presento este QR realizado con todas las garantías por Ediciones Obelisco. En él vas a encontrar a la autora de esta Agenda que no quiere dejar pasar la oportunidad de que la conozcas y agradecerte personalmente que lo hagas posible un año más.

Además, en él te va a sugerir nuevas formas de utilizarla, que te van a sorprender y acompañar a lo largo de todo el año que tenemos por delante.

No dejes pasar de largo la oportunidad de contactar directamente con la energía de su autora a través de sus palabras y de todo lo que canaliza para acompañarte y abrir nuevos caminos de evolución y crecimiento, porque esta Agenda es fruto de su amor y su deseo de compartir.

Y, ahora, descubre este regalo adicional y disfrútalo.

Escanéalo con tu móvil para abrirlo.

Maite Corroto

Agenda del Reiki 2026

EDICIONES OBELISCO

Agenda del Reiki 2026

Diseño de cubierta: Carlos Pan, sobre una ilustración de Ángela María Peláez
Maquetación: *Isabel Also*
Corrección: *M.ª Jesús Rodríguez*

Collita, 23-25. Pol. Ind. Molí de la Bastida, 08191 Rubí - Barcelona
Tel. 93 309 85 25 / E-mail: info@edicionesobelisco.com

Impreso en Gràfiques Martí Berrio, S. L.
c/ Llobateres, 16-18, Tallers 7 - Nau 10. Polígono Industrial Santiga.
08210 - Barberà del Vallès - Barcelona

ISBN: 978-84-1172-301-5

Printed in Spain

Referencia sobre la Agenda

ma de este año se presentó ante mí, sin dudas, sin ninguna fisura que me itiera escabullirme de él, a lo que de forma inmediata, ante tanta claridad acepté de la misma manera, confiada. Una vez me puse a trabajar me di ta de que el tema era tan amplio, tenía tantos matices, que me empecé a s abrumada por toda la información y por mi voluntad de plasmar aqu cosas que te podían ayudar a hacer comprensible y cercano un tema impo te, además de acompañarte a crecer y a plantearte nuevos retos.

A n estas sensaciones, el trabajo a lo largo de esta Agenda ha sido selecci la información más clara para una mayoría de lectores, aportar lo más en ático y significativo de cada concepto y ser capaz de realizar la mejor s ión de ideas, acciones y redacción más universal posible para llegar ha

Esta d ltad me ha acompañado a lo largo de todo el proceso de creación, así q o esperaba, ante un tema que domino y que he trabajado durante tanto s y sigo haciéndolo, me planteara tantas dudas de una forma tan constan

Ahora m y cuenta de que nada ocurre por casualidad y de que necesitaba repasar, escubrir, seleccionar y adentrarme de nuevo en la forma y el fondo del ser ano y, por tanto, en mí misma, para así volver a revisar conceptos y se aprendiendo.

Nunca lo sa os todo, nunca lo recordamos todo, nunca poseemos la totalidad, siemp nemos una mínima parte en nuestro haber que nos debe conducir a revisa sabernos pequeños ante la inmensidad de milagros que ocurren cada día e somos cada no de nosotros.

Espero y dese volverlo a olvidar, porque siempre podemos seguir aprendiendo, ampl o nuestra visión, observando cosas que nunca habíamos visto y seguir endo hasta nuestro último aliento.

Espero y deseo haber cumplido con la expectativa que me empujó a h caso a una revelación tan rotunda, porque sólo soy un medio, un canal que necesitan las personas que la van a adquirir y a leer.

Los tiempos que se avecinan van a estar llenos de rupturas y cam de los cuales deberá surgir un nuevo orden, con lo que se convierte en era necesidad conocernos para poder avanzar en el conocimiento de los ás y saber cómo gestionar lo que va a llegar.

Deseo haber elegido las palabras más sabias para llegar hasta razón y así esta Agenda de 2026 se presenta del modo que sigue:

Trimestre I: ***Chakra raíz o MULADHARA***
Chakra sacro o SVADHISTHANA
Trimestre II: ***Chakra del plexo solar o MANIPURA***
Chakra del corazón o ANAHATA.
Trimestre III: ***Chakra de la garganta o VISHUDDHA***
Chakra del tercer ojo o AJNA
Trimestre IV: ***Chakra de la corona, séptimo o SAHASRA***
Recopilación

A partir de este momento, se establece un paralelism absolutamente todo lo que vayamos a trabajar en relación al Reiki y los c as, todo un reto para valientes como tú.

Reiki y chakras

Ambos conceptos son indisolubles, porque cuando trabajamos con Reiki los chakras se armonizan, se limpian y se regulan no sólo a nivel individual sino también como sistema en referencia a los demás. Esto quiere decir que cuando alguien recibe Reiki en una sesión, sale perfectamente equilibrada.

Ahora bien, tú me puedes preguntar: ¿Cuánto dura el equilibrio? Y ésa es la clave de la cuestión, existen diversos factores que influyen en el desequilibrio, pero uno de los más poderosos son nuestros pensamientos y creencias. Quiero decir con ello que, para que se produzca un cambio permanente, no será suficiente una sola sesión, sino que habrá que realizar tres o cuatro seguidas acompañadas de un diálogo con toma de conciencia y una buena escucha para poder rastrear el pensamiento o una idea que lo desequilibra y lo hace sufrir, de forma que el cambio perdure para siempre. Por ejemplo: la idea de ser víctima es una de las más destructoras que puede sentir y pensar el ser humano. ¿Por qué? Porque a nivel energético es muy espesa, se engancha en el cuerpo sutil volviéndose constante y reiterativa, generando pensamientos de muy baja vibración de los que cuesta mucho salir.

La idea de ser víctimas nos invalida para actuar, nos mantiene en un estado de quietud, haciendo que eludamos las responsabilidades y culpando a nuestro entorno, incapacitándonos para ser sujetos activos y, por tanto, no viendo ningún camino de cambio para esa sensación.

Cuando se identifica esta idea, hay que ofrecer alternativas y argumentos para ampliar la visión, trabajar la empatía y propiciar acciones que saquen a la persona de esa idea, porque, de lo contrario, a los 3 o 4 días volverá a iniciarse el proceso de contaminación sintiéndose víctima de nuevo y, como consecuencia se alterarán sus chakras. Si aprovechamos el equilibrio que genera el Reiki para introducir cambios en sus creencias tóxicas, poco a poco, su estado de bienestar será permanente y el cambio mental y físico la acompañarán para siempre. Esto aporta una verdadera transformación y llenará su vida de milagros y de magia.

Lo que he descrito es aplicable a cualquier otra creencia tóxica que tengamos, así, el nuevo esquema genera nuevos comportamientos y nuevas herramientas para poder gestionar la vida desde otra perspectiva.

Inspiración-Kaizen

Antes de entrar de lleno en la Agenda y en el tema del dinero, quiero proponerte algo… ¿Conoces la palabra KAIZEN? Es de origen japonés y proviene de las palabras «*Kai* y *Zen*» que significa «bueno y cambio».

Este sistema está basado en la mejora continua a través de pequeños gestos pero de forma constante, para así obtener grandes beneficios a largo plazo. ¿Por qué te lo planteo? Porque la temática de la Agenda te propone cambios en tu visión y éstos no se producirán si no los llevas a la acción, es decir, a tu realidad. He pensado que este método de eficacia probada te puede ayudar ya que, además, lo puedes aplicar a cualquier plano de tu vida. ¡Vamos allá!

1. ***Establece una meta,*** puede ser más grande o pequeña, si lo quieres vincular a cualquier plano, te pongo un ejemplo: ahorrar. Lo importante será establecer un pequeño cambio que te ayudará a lograrla. Como, por ejemplo, eliminar los cortados en el bar de media mañana o media tarde, apartando el dinero y guardándolo, de forma que, cuando acabe el mes, te darás cuenta de que un pequeño gesto te posiciona en una acción enfocada en tu objetivo, que la puedes unir a otras pequeñas acciones que irás determinando.

2. ***Inicia el cambio,*** sigo con el ejemplo que he puesto en el punto anterior. «No voy a gastar en cosas innecesarias». Esto te conduce a una reflexión antes de gastar: ¿por qué quiero esto? ¿De verdad lo necesito? Todo ello para hacer un tipo de gasto reflexivo, no por impulso. Puedes, incluso, llevar un registro de cómo te sienta hacerlo de esta forma.

3. ***Comprueba que la acción elegida la realices de forma constante.*** No seas muy dura contigo. Procura tener esto en cuenta y, si se te pasa en cualquier momento, simplemente, vuelve a la idea original. Ajusta tu decisión si es necesario.

4. ***Mantén el cambio,*** y avanza hacia otro objetivo. Recuerda tomar acciones conjuntas y pequeñas que te conduzcan a lograr un gran cambio.

Toda esta transformación la puedes reforzar con Reiki, sabes que con el símbolo *Sei he Ki*, mediante afirmaciones positivas mientras te lo introduces en tu chakra corona, tales como:

«Soy una persona ahorrativa».
«Soy una persona que gasta de forma equilibrada».
«Realizo sólo las compras que necesito».

Y cualquier otra que resuene en ti. Puedes ayudar a que el éxito de este sistema sea total.

No te apures si no estás iniciada en Reiki, tus afirmaciones debes repetirlas para que tu cerebro se crea lo que le dices y ayudar de esta forma a la transformación.

Perseverancia, buscar soluciones adecuadas para ti, modificar lo que no te funciona, no te precipites y, sobre todo, póntelo fácil. Tú decides. No dejes de avanzar hacia tu transformación, ni un solo día.

Reiki/Inspiración

Las normas de este año las vamos a trabajar en referencia a los chakras. Ya sé que todavía no hemos entrado en materia, pero de esta forma vas a empezar a familiarizarte con las emociones de cada uno de ellos y esto va a resultar un buen aprendizaje. Ya lo verás a la luz de otra perspectiva.

Norma 1 - No te enojes.

Primer chakra

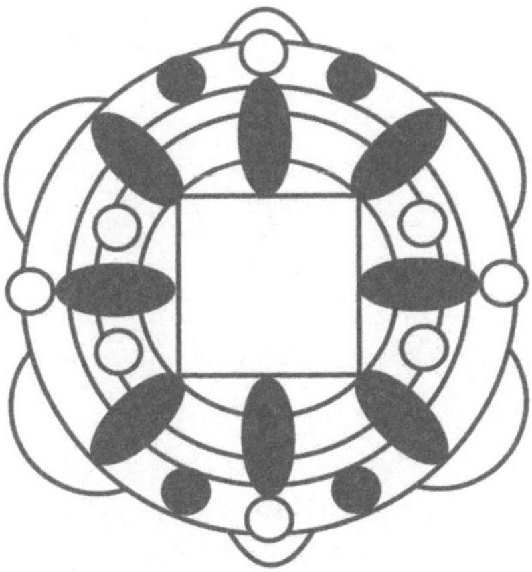

Mantén el equilibrio entre tu espíritu, tú cuerpo y las emociones. Las emociones de enfado y enojo están relacionadas con el primer chakra, con el de la raíz, donde empieza todo. Al pensar en nuestro equilibrio emocional, es básico el primer chakra, porque un exceso de energía en él, una abertura exagerada, un arraigo a la tierra descompensado nos hacen tener un temperamento colérico, un exceso de bilis. Como definía el sabio Hipócrates en la Antigua Grecia, una excesiva extroversión y ansia de control y de poder.

Norma 2 - No te preocupes.

Tercer chakra

Cuarto chakra

Cuando ya has hecho todo lo que puedes, entrégaselo al universo. Mantente en paz. Esta recomendación nos une a nuestro chakra del corazón. Cuando lo tenemos bien equilibrado, sentimos la unidad con la vida y esto nos genera paz, nos inunda una conciencia de grupo, dándonos seguridad y confianza de que todo va a salir de la mejor forma posible para todos. Esto es de una perspectiva mucho más amplia que la individual.

También existe en esta segunda norma que nos plantea el maestro Usui una conexión con nuestro tercer chakra, el de nuestra valía, el de nuestro sol brillante y limpio. Cuando está en equilibrio, funcionando bien, nos sentimos seguros y nos dejamos brillar sin cortapisas, teniendo la certeza de que nuestro valor es único. Como consecuencia, no necesitamos retener, ni controlar, sino que podemos fluir de la mejor forma posible.

Norma 3 - Sé agradecida.

Séptimo chakra

Agradecer siempre nos conduce a resonar con el universo, sin embargo, no podemos sentirlo si no estamos abiertos en nuestro chakra corona. Cuando está desarrollado, conectamos con la espiritualidad que todos tenemos y todo se convierte en un milagro maravilloso, porque somos capaces de darle valor. Esto es básico, porque nos desborda esa sensación única de vivir nuestra existencia con intensidad y desde el amor.

Norma 4 - Trabaja duro.

Quinto chakra

Haz lo que tengas que hacer de una forma excelente. Esto traerá a tu vida grandes beneficios espirituales y materiales. Tu quinto chakra está bien asentado en el segundo, y expresas ese optimismo y esa verdad que tienes dentro de ti como una certeza, porque es lo que significa para ti. Sin albergar ninguna duda puedes comunicar y transmitir esa total sensación de no sólo hacer lo que amas sino también de amar lo que haces. Esto te proporciona una comunión total con tu día a día y contigo misma.

Norma 5 - Sé amable con los demás.

Sexto chakra

Cuando uno ve más allá de la superficie que se muestra, y su alma entiende los entresijos del ser humano con compasión y sabiendo poner los límites adecuados, es decir, con asertividad, ¡nada es personal! ¡Nada te perturba! Y puedes mantener tu amabilidad independientemente de la actitud de aquellos que te rodean. Para ver más allá tu sexto chakra, el que denominamos el tercer ojo, debe estar abierto para que tu visión sea certera y no navegue por la superficialidad del ego, convirtiéndolo todo en algo que te incumbe, cuando en muchas ocasiones la persona que está delate de ti tiene un problema con ella misma ¡enorme!. Déjala que lo resuelva, y tú parte tranquila con tu conciencia en paz. El universo, la vida, la persona harán su trabajo.

Ya ves de qué forma tan inteligente el maestro Usui relaciona unas normas aparentemente sencillas con los chakras, para que, iniciando tu día con una sencilla lectura, que parece no tener ninguna importancia, puedas avanzar en tu camino espiritual, casi sin darte cuenta.

Esto me lleva a pensar y reflexionar que la espiritualidad, además de todos los beneficios que nos aporta, es inteligente en sí misma, en sus planteamientos, nos ayuda a evolucionar y, ahora, con esta nueva visión nos abre una conciencia mucho más profunda y de valor.

Deseo que esta relación entre los chakras y las normas transmitidas por el maestro Usui abra una vía que ya nunca se pueda volver a cerrar en tu camino evolutivo.

Estoy emocionada. ¿Y tú?

Dinero

No quiero prescindir de este apartado, porque el que más y el que menos tiene cierto conflicto con el dinero, ya que se ha demonizado en muchas ocasiones, pareciendo que no se puede ser espiritual si lo tienes. Una idea falsa. Afortunadamente, tenemos algunos ejemplos relevantes como el actor Richard Gere, budista, profundamente espiritual y activista. Su origen es de clase media y desde ese lugar ha llegado a lo más alto en su profesión. No sólo en prestigio, sino también económicamente. A Richard Gere nadie le ha dicho: haz la película gratis, si eres tan espiritual y tan budista. ¿Por qué? En la vida todo es intercambio. El esfuerzo y la energía que ponemos en hacer cualquier cosa justo es que merezcán algo a cambio, ya que todos tenemos facturas que pagar, necesitamos comer, en fin, esto tú ya lo sabes. Por tanto, no te sientas mal por buscar seguridad económica, ser retribuida por tu trabajo o por poner un precio a las cosas que haces. Ninguna de estas cosas te resta espiritualidad, tenemos un cuerpo y hay que cuidarlo, mantenerlo en buen estado, es el vehículo para vivir.

Como afirma Carol Myss:

«El dinero, como la energía, es una sustancia neutra que coge su rumbo de la intención de la persona» y, además, tiene mucho que ver con el segundo chakra. No podemos equiparar el dinero a nuestra fuerza vital, porque no lo es y, si lo hacemos, puede ser el origen de muchas enfermedades y de fuertes crisis de salud. El objetivo será separar el dinero de nuestra fuerza vital y atraerlo hacia nuestra energía de forma fácil y natural, En definitiva, darle el lugar que le corresponde, ni más ni menos.

Recuerda esta reflexión:

«El dinero no hace malo al hombre, es el hombre el que hace malo al dinero».

Distribución de mi dinero

Primer trimestre

	Enero	Febrero	Marzo
Comida			
Hipoteca / Alquiler			
Luz / Agua / Gas			
Viajes			
Telefonía			
Restaurantes			
Ocio			
Caprichos			
Cumpleaños/Regalos			
Extras			
Totales			

Objetivo de ahorro del mes

¿Por qué deseo ahorrar? ______________________________

____

____

____

¿Para qué? ______________________________

____

____

____

Distribución de mi dinero

Segundo trimestre

	Abril	Mayo	Junio
Comida			
Hipoteca / Alquiler			
Luz / Agua / Gas			
Viajes			
Telefonía			
Restaurantes			
Ocio			
Caprichos			
Cumpleaños/Regalos			
Extras			
Totales			

Objetivo de ahorro del mes

¿Por qué deseo ahorrar? ______________________________

____

____

____

¿Para qué? ______________________________

____

____

____

Distribución de mi dinero

Tercer trimestre

	Julio	Agosto	Septiembre
Comida			
Hipoteca / Alquiler			
Luz / Agua / Gas			
Viajes			
Telefonía			
Restaurantes			
Ocio			
Caprichos			
Cumpleaños/Regalos			
Extras			
Totales			

Objetivo de ahorro del mes

¿Por qué deseo ahorrar? ______________________________

____

____

____

¿Para qué? ______________________________

____

____

____

Distribución de mi dinero

Cuarto trimestre

	Octubre	Noviembre	Diciembre
Comida			
Hipoteca / Alquiler			
Luz / Agua / Gas			
Viajes			
Telefonía			
Restaurantes			
Ocio			
Caprichos			
Cumpleaños/Regalos			
Extras			
Totales			

Objetivo de ahorro del mes

¿Por qué deseo ahorrar? ______________________

____

____

____

¿Para qué? ______________________

____

____

____

Planning del año

	Enero	Febrero	Marzo	Abril	Mayo	Junio
1	J	D	D	X	V	L
2	V	L	L	J	S	M
3	S	M	M	V	D	X
4	D	X	X	S	L	J
5	L	J	J	D	M	V
6	M	V	V	L	X	S
7	X	S	S	M	J	D
8	J	D	D	X	V	L
9	V	L	L	J	S	M
10	S	M	M	V	D	X
11	D	X	X	S	L	J
12	L	J	J	D	M	V
13	M	V	V	L	X	S
14	X	S	S	M	J	D
15	J	D	D	X	V	L
16	V	L	L	J	S	M
17	S	M	M	V	D	X
18	D	X	X	S	L	J
19	L	J	J	D	M	V
20	M	V	V	L	X	S
21	X	S	S	M	J	D
22	J	D	D	X	V	L
23	V	L	L	J	S	M
24	S	M	M	V	D	X
25	D	X	X	S	L	J
26	L	J	J	D	M	V
27	M	V	V	L	X	S
28	X	S	S	M	J	D
29	J		D	X	V	L
30	V		L	J	S	M
31	S		M		D	

Planning del año

	Julio	Agosto	Septiembre	Octubre	Noviembre	Diciembre
1	X	S	M	J	D	M
2	J	D	X	V	L	X
3	V	L	J	S	M	J
4	S	M	V	D	X	V
5	D	X	S	L	J	S
6	L	J	D	M	V	D
7	M	V	L	X	S	L
8	X	S	M	J	D	M
9	J	D	X	V	L	X
10	V	L	J	S	M	J
11	S	M	V	D	X	V
12	D	X	S	L	J	S
13	L	J	D	M	V	D
14	M	V	L	X	S	L
15	X	S	M	J	D	M
16	J	D	X	V	L	X
17	V	L	J	S	M	J
18	S	M	V	D	X	V
19	D	X	S	L	J	S
20	L	J	D	M	V	D
21	M	V	L	X	S	L
22	X	S	M	J	D	M
23	J	D	X	V	L	X
24	V	L	J	S	M	J
25	S	M	V	D	X	V
26	D	X	S	L	J	S
27	L	J	D	M	V	D
28	M	V	L	X	S	L
29	X	S	M	J	D	M
30	J	D	X	V	L	X
31	V	L		S		J

Calendario lunar 2026

Enero

			1	2	○	4
5	6	7	8	9	◑	11
12	13	14	15	16	17	●
19	20	21	22	23	24	25
◐	27	28	29	30	31	

Febrero

						○
2	3	4	5	6	7	8
◑	10	11	12	13	14	15
16	●	18	19	20	21	22
23	◐	25	26	27	28	

Marzo

						1
2	○	4	5	6	7	8
9	10	◑	12	13	14	15
16	17	18	●	20	21	22
23	24	◐	26	27	28	29
30	31					

Abril

		1	○	3	4	5
6	7	8	9	◑	11	12
13	14	15	16	●	18	19
20	21	22	23	◐	25	26
27	28	29	30			

Mayo

				○	2	3
4	5	6	7	8	◑	10
11	12	13	14	15	●	17
18	19	20	21	22	◐	24
25	26	27	28	29	30	○

Junio

1	2	3	4	5	6	7
◑	9	10	11	12	13	14
●	16	17	18	19	20	◐
22	23	24	25	26	27	28
29	○					

Julio

		1	2	3	4	5
6	◑	8	9	10	11	12
13	●	15	16	17	18	19
20	◐	22	23	24	25	26
27	28	○	30	31		

Agosto

					1	2
3	4	5	◑	7	8	9
10	11	●	13	14	15	16
17	18	19	◐	21	22	23
24	25	26	27	○	29	30
31						

Septiembre

	1	2	3	◑	5	6
7	8	9	10	●	12	13
14	15	16	17	◐	19	20
21	22	23	24	25	○	27
28	29	30				

Octubre

			1	2	◑	4
5	6	7	8	9	●	11
12	13	14	15	16	17	◐
19	20	21	22	23	24	25
○	27	28	29	30	31	

Noviembre

						◑
2	3	4	5	6	7	8
●	10	11	12	13	14	15
16	◐	18	19	20	21	22
23	○	25	26	27	28	29
30						

Diciembre

	◑	2	3	4	5	6
7	8	●	10	11	12	13
14	15	16	◐	18	19	20
21	22	23	○	25	26	27
28	29	◑	31			

Ejercicio 1

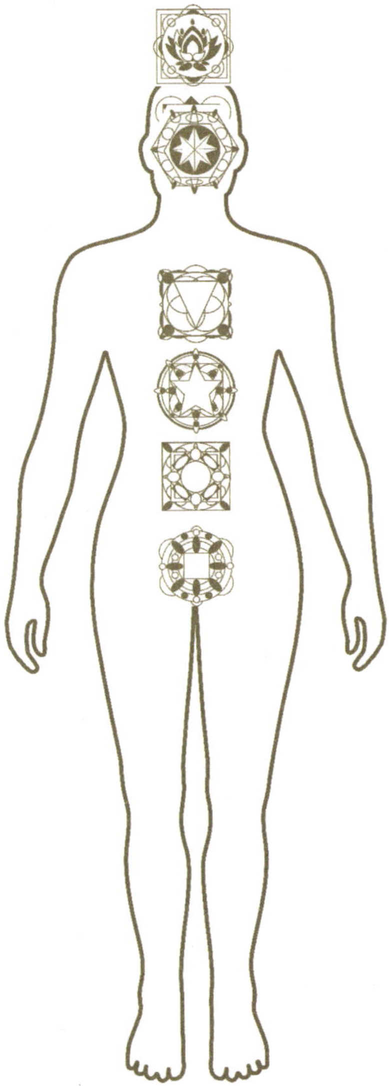

Fíjate en esta imagen, en ella ves dónde están situados estos centros de energía, donde se acumula más. Te sugiero que respires hondo, alejes cualquier pensamiento de tu mente y te centres en inspirar y espirar por la nariz. No intervengas en el proceso, sólo observa.

Una vez hayas realizado unas ocho o nueve respiraciones, acerca tus manos a la zona donde está situado el primer chakra. No tengas ninguna idea preconcebida, simplemente, observa el calor que emanas en esa zona, siéntela.

Repite la misma operación con todos tus centros.

Notarás que los chakras situados en la parte más baja de tu cuerpo desprenden un calor intenso y denso, y que el calor de los chakras superiores es más sutil y te cuesta más identificarlo. ¡Es normal! Sigamos avanzando; lo entenderás enseguida.

¿Qué son los chakras?

Los chakras son unos centros de energía que nutren nuestro cuerpo y nuestra alma. A nivel físico, los identificamos con zonas que tienen una intensa actividad física, en concreto, las glándulas y que desprenden, por tanto, un intenso calor.

Chakra en sánscrito significa «rueda», y estoy segura de que en algún momento de tu vida has oído hablar de ellos, sin atreverte a preguntar, con curiosidad o quizás incluso con escepticismo. Por ello, vamos a poner hilo a la aguja y a conocerlos mejor.

Para empezar, un cotilleo histórico. Hace muchos años se reconocieron en Occidente y se dice que los chakras se utilizaron para las proporciones y los cálculos de medida en algunas de nuestras catedrales. Curiosidades aparte, te diré que forman un sistema, como el nervioso, o el endocrino o el óseo, en fin, trabajan globalmente como cualquier otro sistema. Por tanto, entre ellos deben guardar un buen equilibrio para tener un buen funcionamiento, y no hay uno más importante que otro, sino que están entrelazados.

Conocer, dar valor y trabajar con ellos con conciencia te va a permitir experimentar tu unidad y tu armonía interiores, que, a su vez, te conducirá a sentir la armonía con el universo.

Esto que he escrito te puede parecer muy grandilocuente, pero no dudes que te voy a conducir de lo grande a lo pequeño, de lo inconcreto a lo concreto, a lo que te afecta a ti directamente y a tu vida cotidiana. En definitiva, a mejorarla con un conocimiento que no sólo te va a servir de guía en tu vida, sino que también te va a permitir corregir, gestionar tus propias inquietudes y peculiaridades de una forma amable y efectiva.

En nuestro campo de energía, existen caminos por los cuales la energía circula, se llaman nadis, los hay más grandes, más pequeños, y puntos donde se cruzan varias de esas líneas generándose unos focos de fuerza y calor fuerte al tacto. Esos lugares son los chakras. Hay bastantes en nuestro cuerpo, pero aquí vamos a hablar de los siete principales, teniendo en cuenta que no son los únicos; por ejemplo en el centro de las manos tenemos, los oídos también lo son, los ojos, etc., pero los principales y reconocidos de forma unánime por distintas culturas son siete.

Todo este sistema conforma, a su vez, tu campo de energía sutil, que rodea a todos los seres, tanto es así que puede fotografiarse con la fotografía Kirlian, y con ella se pueden diagnosticar estados físicos y emocionales de cualquier persona que se la haga. Si esto te resulta incomprensible y novedoso, te invito a que sigas con atención el contenido del trimestre, porque te voy a dar las claves para que lo asimiles.

Deseo que los trimestres te apasionen tanto como a mí y te resulte útil esta «info» que contribuirá a que evoluciones de forma rápida y cambie tu visión.

¡Vamos!

Trimestre I

Chakra 1 o Raíz (Muladhara)
Chakra 2 o Sacro (Svadhisthana)

Después de lo que ya sabemos a nivel general sobre el sistema de los chakras, vamos a adentrarnos en su conocimiento a lo largo de este primer trimestre.

Vamos a por el primero, la situación espacial del chakra Raíz se sitúa entre el ano y los genitales. Los pétalos miran hacia abajo, entre las piernas, mientras que se conecta como si fuera un tallo a la columna vertebral.

De este maravilloso chakra depende la fuerza vital y física del cuerpo, todo lo que tiene que ver con la materia, el arraigo y también la supervivencia. La autoconservación o el autocuidado lo une con el comportamiento instintivo, ya que con él nos protegemos de los peligros.

Es la entrada de energía de la tierra y si no funciona bien, como bien dice su nombre «Raíz», todo el resto del sistema pasará dificultades. Está íntimamente unido a las glándulas reproductoras masculinas y femeninas que producen las hormonas responsables del desarrollo de las características sexuales secundarias, como el vello corporal, la voz y algunas otras. Los testículos son los que controlan el esperma en los hombres y los ovarios controlan a su vez los óvulos, es decir, que gestionan nuestra sexualidad y ¡cómo no! nuestro equilibrio emocional, que en las mujeres, al ir ligado a nuestro ciclo menstrual, es oscilante.

El segundo chakra o también llamado basal o ***Svadhisthana,*** está situado debajo del ombligo y, a diferencia del anterior, sus pétalos miran hacia delante, tiene la salida anterior pero también una posterior con una «flor» bastante más pequeña que la delantera.

Es el centro creativo del ser humano, la sede de su capacidad de expresarse de forma diferenciada del resto, que al final no es más que una forma personal de relacionarse con el mundo y con su entorno, porque es el chakra de las relaciones, de todas, incluso de las del individuo con él o ella misma. Y, claro, de lo expresado anteriormente se derivan muchas consecuencias, pero creo que te las contaré un poco más adelante, porque así dosificamos la información y la asimilamos mejor. De todas formas, ya ves que esto es apasionante, ¿no te parece? A mí me entusiasma y acabamos de empezar. No te vas a poder despegar del trimestre, no te exagero nada y, además, va a cambiarte.

Todas las reflexiones de este Trimestre I van relacionadas de una u otra forma con estos dos protagonistas, si algo no lo ves a simple vista, profundiza

¡Ya verás!

Empezamos.

Diciembre / Enero

29 Lunes

30 Martes

31 Miércoles

1 Jueves

2 Viernes

Enero

«Demolí todos los puentes que había detrás de mí, para no tener otra opción que seguir adelante».

FRIDTJOF NANSEN

3 Sábado

4 Domingo

Enero

5 Lunes

6 Martes

7 Miércoles

8 Jueves

9 Viernes

Enero

**«El coraje no es tener la fortaleza de seguir adelante,
es seguir adelante cuando no tienes fuerzas».**
NAPOLEÓN BONAPARTE

10 Sábado

11 Domingo

Enero

12 Lunes

13 Martes

14 Miércoles

15 Jueves

16 Viernes

Enero

«Buscar la serenidad me parece una ambición más razonable que buscar la felicidad. Y quizá la serenidad sea una forma de felicidad».

JORGE LUIS BORGES

17 Sábado

18 Domingo

Enero

19 Lunes

20 Martes

21 Miércoles

22 Jueves

23 Viernes

Enero

«No permitas que el comportamiento de otras personas destruya tu paz interior».

DALAI LAMA

24 Sábado

25 Domingo

Chakra 1 o Raíz (Muladhara)

Color rojo y, en ocasiones, tan intenso que parece negro. Ambos colores se identifican con este chakra.

Ya lo he comparado anteriormente con la raíz de una planta y es que, si está sana, bien enraizada a la tierra y saludable, la planta o el árbol crece y se desarrolla de forma adecuada. De igual forma es para los seres humanos. ¿Pensabas que los chakras no tienen nada que ver con la materia? Pues nada más lejos de la realidad, iniciémonos en sus secretos.

El chakra 1 está ligado a las glándulas suprarrenales, con lo que cualquier alteración de éstas te va a dar pistas, pero no sólo eso, sino que también rige las zonas de las piernas, los riñones, la sangre, la organización celular, los huesos de la columna vertebral y el intestino grueso.

¿Cómo se le puede ayudar si te falta fuerza, si tienes anemia, que serían dos alteraciones unidas a este chakra? Con alimentos proteicos, frutos y vegetales de color rojo.

Te imaginas que su elemento es la tierra, ¿no?

También le puedes ayudar con minerales afines como el rubí, el granate, el jaspe rojo, la turmalina negra o la obsidiana… ¡Más cosas!

Cuando el ***Muladhara*** está equilibrado, todos tus asuntos materiales, tu fortaleza física, tu arraigo están a tope, sintiéndote estable, serena, tus instintos funcionan bien. Sin embargo, si no está bien (vamos a ver lo anterior descrito en su opuesto), te sientes insegura, reaccionas bruscamente, no te arraigas a nada, la salud es quebradiza, y hay amargura en las personas, estreñimiento y bloqueo sexual.

Ya ves que con estas pistas te inicias en un conocimiento profundo del ser humano, con el cual se puede realizar una gestión mucho más concreta de uno mismo y saber cómo afrontarla.

La energía de este chakra nos une a los nuestros, a nuestra familia, a la sensación de tribu y de pertenencia.

Lo puedes ayudar también con esencias puras en caso de que lo necesite: cedro, pachuli, clavo, mirra, incienso, lavanda.

¿Cómo utilizarlas? Pon unas gotas debajo del ombligo y una en los pulsos oliéndolo por fases: la primera respiración muy suave y superficial, la segunda más profunda, y la tercera honda, dejando que te recorra entera. Déjate llevar por sus acordes y observa dónde resuenan en tu cuerpo.

Ejercicio

1. Colorea esta figura del primer chakra, con colores rojos y negros, puedes utilizarlos de varias intensidades.

2. Mientras lo pintas, siente tu chakra Raíz, nota su calor y su fuerza. (Si estas enfadada o nerviosa, abstente de realizarlo hasta que te calmes).

Si te sientes débil y sin fuerza realiza este ejercicio:

- Pon los pies separados un poco más que la anchura de las caderas, y que los dedos. Si prolongaras una línea, dibujen una diagonal. Ahora, agáchate sin levantar los talones del suelo. Si ves que te cuesta, practica cada día hasta que puedas agacharte con los pies planos en el suelo. Junta las manos en el centro del pecho y, cada día, alarga un poco más la posición.

Comenta tus sensaciones cuando lo realizas.

Enero

26 Lunes

27 Martes

28 Miércoles

29 Jueves

30 Viernes

Enero / Febrero

«La paciencia no es la capacidad de esperar, sino la habilidad de mantener una buena actitud mientras se espera».

JOYCE MEYER

31 Sábado

1 Domingo

Febrero

2 Lunes

3 Martes

4 Miércoles

5 Jueves

6 Viernes

Febrero

«¿Es posible escapar del castigo si el mayor juez es nuestra conciencia?».
Fiodor Dostoievski

7 Sábado

8 Domingo

Febrero

Febrero

9 Lunes

10 Martes

11 Miércoles

12 Jueves

13 Viernes

Febrero

«Siempre estás contigo mismo,
así que es mejor que disfrutes de la compañía».
DIANE VON FURSTEMBERG

14 Sábado

15 Domingo

Febrero

16 Lunes

17 Martes

18 Miércoles

19 Jueves

20 Viernes

Febrero

Febrero

«La peor soledad es no sentirse cómodo con uno mismo».

Mark Twain

21 Sábado

22 Domingo

Febrero

Febrero

23 Lunes

24 Martes

25 Miércoles

26 Jueves

27 Viernes

Marzo

«En la amistad aprendemos a mirar con los ojos de otra persona, a escuchar con sus oídos y a sentir con su corazón».
Alfred Adler

28 Sábado

1 Domingo

Chakra 2 o Sacro (Suadhisthana)

Color naranja, el color de la transformación, de los cambios, por eso los monjes budistas lo llevan, porque permanecen en ese estado de cambio profundo.

Este chakra está situado unos tres dedos por debajo del ombligo, el centro creativo por excelencia del ser humano. Su elemento es el agua, y en él residen las fuerzas de la sexualidad y todas las relaciones, empezando las de cada uno consigo mismo, laborales, amistosas, familiares y sociales. Como he señalado anteriormente, el color naranja con su mensaje de cambio preside todas las relaciones, te des cuenta o no. Si mantienes un buen diálogo contigo misma, teniendo en cuenta tus propios cambios, crecerá tu autoconfianza y autoestima. Eso es un buen punto de partida, ¿no te parece? Este chakra está relacionado con la nutrición, la receptividad y las emociones.

Está unido a las gónadas y rige los órganos reproductores, los riñones, el bazo y la vejiga.

Los minerales que le ayudan son la cornalina, el coral, la aventurina roja. También le ayudan los zumos de frutas naranjas y los vegetales del color ya citado.

Sus cualidades son el amor sexual y pasional, la asimilación de cosas nuevas, la flexibilidad, la tolerancia y la expansión, junto con la creación en todos sus aspectos.

Si no está bien o tiene alguna anomalía, la persona se gratifica excesivamente con el sexo o con los alimentos, sería un síntoma claro, al igual que sentir envidias, miseria interior, frigidez, afán de posesión u obsesiones.

Ejercicio

1. Colorea esta figura del segundo chakra, con colores naranjas puedes utilizarlos de varias intensidades.

2. Mientras lo pintas, siente tu chakra Sacral, nota su calor y su fuerza. (Si estas enfadada o nerviosa, abstente de realizarlo hasta que te calmes).

Si te sientes débil y sin fuerza, realiza este ejercicio:

- Las caderas y su movimiento y flexibilidad están unidos a los dos primeros chakras, así que te propongo que abras los pies poniéndolos paralelos y, con las rodillas un poco flexionadas, intenta dibujar un infinito con las caderas.

Marzo

Marzo

2 Lunes

3 Martes

4 Miércoles

5 Jueves

6 Viernes

Marzo

«Las mujeres son capaces de fingir un orgasmo, pero los hombres pueden fingir una relación entera».
SHARON STONE

7 Sábado

8 Domingo

Marzo

9 Lunes

10 Martes

11 Miércoles

12 Jueves

13 Viernes

Marzo

«Cuando entiendas que hay otra forma de ver las cosas, entenderás el significado de la palabra "tolerancia"».

DALAI LAMA

14 Sábado

15 Domingo

Marzo

Marzo

16 Lunes

17 Martes

18 Miércoles

19 Jueves

20 Viernes

Marzo

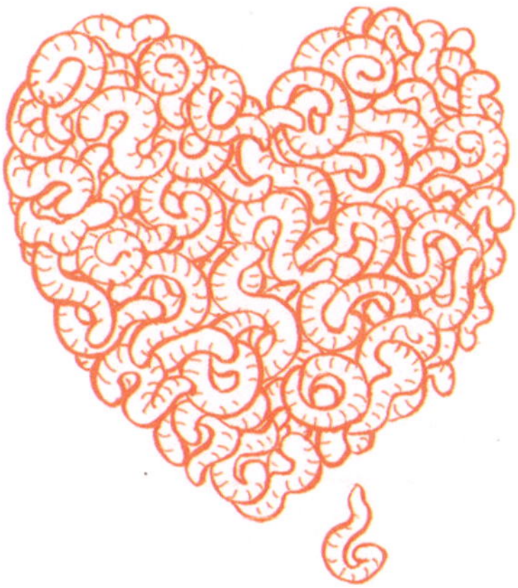

«La amargura hace más daño en la vida donde se acumula que en aquel sobre quien se derrama».
Stepen Kendrick

21 Sábado

22 Domingo

Marzo

23 Lunes

24 Martes

25 Miércoles

26 Jueves

27 Viernes

Marzo

«Las personas egoístas ven únicamente lo que hacen por ti, no lo que haces tú por ellas».

EDUARDO ALIGHIERI

28 Sábado

29 Domingo

Ejercicio relacionado con los chakras 1 y 2

El poder de pertenecer

¿Te has planteado alguna vez que de tu grupo familiar heredas un montón de creencias?
Te animo a que pienses y reflexiones en ellas y veas cuáles, en realidad, no te sirven para que las puedas liberar porque ya no te valen. De igual manera, examina cuáles te valen y quieres reforzar.

La energía del segundo chakra se despierta alrededor de los 6 o 7 años. Es el chakra de las relaciones. La energía creativa, sexual, la relación con el dinero…

¿Cómo defines la creatividad?

¿Eres creativa?

¿Te sientes a gusto con tu sexualidad?

¿Cumples con la palabra dada a ti o a los demás?

Reiki

Conéctate con el Reiki. Realiza unas inspiraciones profundas con la intención de abandonar el ruido exterior y enfocarte. Coloca tu atención en el primero y segundo chakra, situando las manos debajo del ombligo, sintiendo el calor que desprenden y dejándote sentir.

1. Respira a través de tu primer chakra, con la intención de que se limpie, se active y se equilibre. Realiza tres o cuatro respiraciones.
2. Ahora, inspira poniendo el foco en tu segundo chakra. Inspira por él, siente cómo se hincha tu vientre e imagínalo inspirando y espirando. Se limpia, se activa, se equilibra.
3. Después realiza lo mismo con el primero y el segundo chakra. Inspiran y espira a la vez de forma consciente, notando cómo entra y sale el aire por ambos.

Siente y anota las sensaciones que te inundan. Ahora, ponte las manos en el chakra corona y visualiza cómo la energía entra y te recorre hasta llegar al primero, por donde saldrá y bajará la energía por tus piernas hasta tus pies para meterse en la tierra, enraizándote en la misma.

Si no estás iniciada en Reiki, puedes realizar el mismo ejercicio, siempre contribuirá a desarrollar la percepción de tu cuerpo, a limpiar tus chakras y a prepararte para que algún día quizá te inicies. La sensibilidad es menor, pero no por ello deja de funcionar.

Recuerda:

Cuando caminas por la playa o por la hierba descalza (ahora lo llaman *grounding*), refuerzas tu chakra Raíz, renovándote y fluyendo por la tierra.

Recuerda:

Cuando quedas con amigos, con familia, con compañeras, socializas. Si te hablas amablemente, escuchándote, trabajas y saneas tu segundo chakra.

Notas

Reflexiones del trimestre

Trimestre II

Chakra 3 o Plexo Solar (Manipura)
Chakra 4 o Corazón (Anahata)

Seguimos ascendiendo por nuestro cuerpo, reconociendo nuestros centros de poder, sus cualidades y, por tanto, conociéndonos mejor.

El tercer chakra o ***Manipura*** se sitúa en la boca del estómago, en el plexo solar, donde luce nuestro sol y nuestra propia valía. En esta zona se almacenan las emociones, además de ser un lugar alquímico de pura transformación y donde podemos situar, de forma clara, nuestras emociones, como se desprende de estas expresiones de uso común:

«Mariposas en el estómago».
«Se me ha cerrado el estómago».
«Me entró un dolor repentino en la boca del estómago».

Y muchas más expresiones que utilizamos de forma inconsciente, pero que hacen una referencia directa a que algo se nos ha atascado en esa zona, y además, se hace notar imponiéndose con una sensación contundente.

Por otra parte, es una zona de pura alquimia, como ya he señalado, porque el alimento entra en una forma y nuestros órganos los transforman en oxígeno, sangre, vitaminas, ¡y muchas cosas más! Alquimia pura, ¿no?

Y, avanzando con una vibración más rápida y a la vez más sutil, llegamos al cuarto chakra, al corazón o ***Anahata***.

Situado en el centro del pecho, donde está la sede del amor genuino y solidario, el centro de la compasión. Si está bien, es la base para evolucionar internamente y en nuestra espiritualidad.

Todos de una forma u otra intuitivamente lo sabemos. Cuando queremos hacer referencia al sentimiento del amor, nos tocamos esta zona con las manos e, incluso, algo que se hace ahora es formar un corazón con nuestros dedos.

Yo misma cuando quiero señalar que algo que digo o hago es real y genuino digo: «De mi corazón al tuyo». Porque éste no engaña.

Y así, en esta escalada hacia lo mas etéreo, empezamos el segundo trimestre, que con la llegada de la primavera abrirá el corazón a nuestro entorno y nos llenará de emociones que nos engancharán con nuestro chakra Raíz a la vida y con todos aquellos que amamos y con quienes nos relacionamos trabajando con nuestro segundo chakra.

¡Vamos a sentir!

**«Hasta que no te valores a ti mismo, no valorarás tu tiempo.
Hasta que no valores tu tiempo, no harás nada con él».**
M. Scott Peck

Marzo/Abril

30 Lunes

31 Martes

1 Miércoles

2 Jueves

3 Viernes

Abril

«Todo mi patrimonio son mis amigos».
EMILY DICKINSON.

Abril

4 Sábado

5 Domingo

6 Lunes

7 Martes

8 Miércoles

9 Jueves

10 Viernes

Abril

«La actividad física no es sólo una de las llaves más importantes para tener un cuerpo saludable, sino también la base de una actividad dinámica y creativa».

John F. Kennedy

11 Sábado

12 Domingo

13 Lunes

14 Martes

15 Miércoles

16 Jueves

17 Viernes

Abril

«El amor es una cura milagrosa.
Amarnos a nosotros mismos hace milagros en nuestra vida».
LOUISE L. HAY

18 Sábado

19 Domingo

Abril

20 Lunes

21 Martes

Abril

22 Miércoles

23 Jueves

24 Viernes

Abril

«Amarse a uno mismo es el comienzo de un romance de por vida».

Oscar Wilde

25 Sábado

26 Domingo

Chakra 3 o Plexo Solar (Manipura)

El chakra de nuestro sol, nuestro distribuidor energético y su transformación implica un «yo» poderoso, con fuerza de voluntad, que avanza hacia sus objetivos. Éste está relacionado con los demás, pero no de una forma tan básica como el primero y el segundo, sino para reconocer su propia exclusividad, y desde ese lugar, con el resto de la humanidad. Este chakra regula el páncreas y las zonas que rige son: el hígado, la vesícula biliar, el sistema digestivo y nervioso, el estómago y las emociones.

Su color, como su nombre nos indica, es el amarillo, el color del sol. Su elemento es el fuego. Sus cualidades positivas son la voluntad, el poder personal, la empatía, la autoestima equilibrada, la transformación, el humor, la iluminación. Y si no está equilibrado, o está rasgado o deformado puedes, poner en el otro extremo las cualidades positivas y volverlas negativas: la ausencia de voluntad, la ira, la inseguridad, el odio, el engreimiento, los problemas digestivos, tomar más de lo que uno necesita.

Así, los minerales que le ayudan son: citrino, ámbar, ojo de tigre (un gran protector), calcita dorada y oro.

Las esencias que le pueden ayudar son: el vetiver, la bergamota, lavanda (siempre y para todos, porque es un equilibrador natural), canela, enebro, ylan ylan.

Chakra 4 o Corazón (Anahata)

Situado en el centro del pecho, es el amor genuino. Notamos su presencia física y movimientos en muchas ocasiones, por estar presente en el órgano del corazón.

Es la base de tu crecimiento como persona, tu evolución espiritual, la compasión independientemente de todo lo demás. Un amor que no depende de nadie, sino del estado de tu ser, que te conduce a relacionarte compasiva e incondicionalmente con los demás, a través del pensamiento de que todos lo hacemos lo mejor que podemos.

Su elemento es el aire y, como ves entramos en el mundo de lo intangible.

Físicamente, regula la glándula timo y rige el corazón, la circulación sanguínea, los brazos, las manos y la parte inferior de los pulmones.

Es el único chakra resonante con dos colores, el verde y el rosa. Los minerales que le sientan bien son: el cuarzo rosa, que te consolará siempre en cualquier herida emocional, el jade verde, que te proporcionará tranquilidad y protección, la calcita verde, que te dará fuerza para los cambios.

Las esencias afines a este chakra son la rosa, el jazmín, el neroli, la bergamota, el cedro, el incienso y el cardamomo.

Ejercicio relacionado con los chakras 3 y 4

La zona de la boca del estómago, como ya hemos visto, es muy sensible a las emociones al igual que nuestro corazón. En ocasiones, la cerramos de forma física (contracturando) y emocionalmente, nos cuesta aceptar las emociones de dolor y pérdida junto con algunas otras, pero éstas son las que causan una mayor resistencia. Esto es lo que genera la reacción de defensa. No obstante, lo que no fluye se corrompe y acaba dañándonos, así que para liberar esta zona y abrirla a la vida te recomiendo este ejercicio:

Estírate en una superficie dura (un suelo con alfombra o una esterilla de yoga) te irá bien.

Enrolla una toalla de cara que sea cumplida de tamaño. Una vez la tengas la pones en el medio de tu espalda, situada desde la base del cuello hacia abajo, y te estiras encima de ella. Nota cómo tu estómago y tu pecho se van abriendo lentamente. Si notas alguna molestia en las cervicales, puedes ponerte un alza en la cabeza, pero que no sea muy alta, simplemente lo justo para que no te moleste.

Respira con normalidad, y siente cómo la zona se va abriendo. Si te vienen ganas de llorar o alguna otra emoción déjala fluir, de eso se trata: de volver a sentir, de vivir.

Este ejercicio nos mantiene conectados a nuestras emociones a nuestra identidad. Puedes hacerlo de forma regular para evitar los bloqueos de estas zonas.

Aquí te dejo una interesante reflexión.

«Un enemigo cercano a la compasión es la compasión estúpida. Se trata de cuando ,queriendo evitar un conflicto o temiendo estropear nuestra buena imagen, la protegemos siendo amables con alguien cuando deberíamos haber contestado con un "no". La compasión no consiste solamente en intentar ser buenos. Cuando nos encontramos envueltos en una relación agresiva, deberíamos establecer unos límites claros. Lo más bondadoso que podemos hacer con todos los implicados es saber cuándo hemos de decir ¡Basta!».

Los lugares que te asustan

PEMA CHÖDRON

Reflexión

Abril / Mayo

27 Lunes

28 Martes

Abril

29 Miércoles

30 Jueves

1 Viernes

Mayo

«La persona que no se valora a sí misma, no puede valorar a nada ni a nadie».

Any Rand

2 Sábado

3 Domingo

Mayo

4 Lunes

5 Martes

Mayo

6 Miércoles

7 Jueves

8 Viernes

Mayo

«Querer ser otra persona es un desperdicio para la persona que eres».
MARILYN MONROE

9 Sábado

10 Domingo

Mayo

11 Lunes

12 Martes

13 Miércoles

14 Jueves

15 Viernes

Mayo

«Sé fiel a lo que existe dentro de ti».

André Gide

16 Sábado

17 Domingo

18 Lunes

19 Martes

20 Miércoles

21 Jueves

22 Viernes

Mayo

«Es posible transformar nuestra energía emocional, adquiriendo la maestría o el manejo de nuestros sistemas de pensamientos».

ANNIE MARQUIER

23 Sábado

24 Domingo

Mayo

25 Lunes

26 Martes

27 Miércoles

28 Jueves

29 Viernes

Mayo

«Llevadera es la labor cuando muchos comparten la fatiga».

Homero

30 Sábado

31 Domingo

Mayo

Junio

1 Lunes

2 Martes

3 Miércoles

4 Jueves

5 Viernes

Junio

«Ya que cambiarse es aceptar cambiar la percepción que tenemos del mundo, de nosotros mismos y de los otros».

Annie Marquier

6 Sábado

7 Domingo

Junio

8 Lunes

9 Martes

10 Miércoles

11 Jueves

12 Viernes

Junio

«Hasta que no aprendas a perdonarte a ti misma,
no podrás perdonar a los demás».
MAITE CORROTO

13 Sábado

14 Domingo

Junio

15 Lunes

16 Martes

17 Miércoles

18 Jueves

19 Viernes

«Hay que unirse, no para estar juntos, sino para hacer algo juntos».
JUAN DONOSO CORTÉS

20 Sábado

21 Domingo

22 Lunes

23 Martes

24 Miércoles

25 Jueves

26 Viernes

Junio

«Toda nuestra humanidad depende de reconocer nuestra humanidad en los demás».

Desmond Tutu

27 Sábado

28 Domingo

Ejercicios de reflexión

Chakra 3

No nacemos con una buena autoestima, se va desarrollando y la vamos cultivando conforme vamos viviendo. Así por ejemplo es importante la relación con nuestros padres, los primeros en reconocer nuestra valía, el primer peldaño para fomentar nuestro amor propio, y vamos creciendo en función de los retos que se nos presentan y cómo los enfrentamos.

Preguntas que te puedes hacer:

¿Te gustas?

¿Eres activa en trabajar aquellos aspectos de ti misma que no te convencen?

¿Eres capaz de reconocer cuándo no tienes la razón?

¿Eres capaz de decidirte a hacer cambios y comprometerte con ellos?

Ejercicios de reflexión

Chakra 4

Su energía es emocional y representa el aprendizaje espiritual que nos enseña y permite la manifestación del amor y su máxima expresión, la compasión. El amor nos sana y determina nuestra actividad física.

¿Qué recuerdos necesitas sanar?
¿Puedes perdonar? ¿Entiendes los beneficios de hacerlo?
¿Qué has hecho tú que necesita tu perdón?

Recuerda:

Cuando reconoces tu valía y te felicitas por tus logros, trabajas con tu plexo solar, es decir, con tu Tercer chakra, acrecentando tu poder personal.

Recuerda:

Cuando practicas la compasión y te atreves a sentir tus emociones, trabajas con tu chakra del Corazón, sanándolo.

Notas

Reflexiones del trimestre

Trimestre III

Chakra 5 o de la Garganta (Vishuddha)
Chakra 6 o Tercer Ojo (Ajna)

Hemos llegado a lo intangible de pleno, el quinto chakra, el de la garganta. Es el encargado de la comunicación y está situado en la laringe. Es la base de nuestra expresión, la manifestación verbal de lo que gestamos en el segundo chakra que se apoya y se hace presente a través de este chakra Vishudda.

Una buena transmisión de ideas a través de la palabra nos sugiere un chakra abierto, equilibrado y un proceso interior bien ejecutado.

La creatividad que está en nuestro segundo chakra se hace real en la palabra, con su sonido. No me refiero a la charla insustancial, sino a la coherente con responsabilidad como expresión personal.

Las personas con un chakra equilibrado de la garganta hablan y se comunican sin problemas, son buenos comunicadores y lo hacen con una bonita voz que gusta de ser escuchada, su expresión está llena de claridad y sentido de propósito.

Y ahora vamos con el Ajna, ¡el tercer ojo! Todos en algún momento hemos oído hablar de él y hemos visto imágenes de mujeres hindús con él señalado en rojo, negro o dorado y, quizás, alguna se lo ha pintado alguna vez.

Tu visión física es muy importante, pero ¿en alguna ocasión has tenido alguna corazonada que te ha avisado de algo? Pues, su sede es el tercer ojo, intuir las cosas de las cuales no tenemos una evidencia concreta. Tu visión interna se desarrolla en este chakra.

Las mujeres que ya hemos sobrepasado la menopausia crecemos en esta visión, la claridad de ver cosas que los demás no ven, la luz que entra por aquí y se transforma en imágenes.

La luz que se transforma en intuición.

Vamos a trabajar en este trimestre con estos dos chakras ya tocando la realización total, porque supone que nuestros temas, cualquiera de ellos, podamos coronarlos.

Junio / Julio

29 Lunes

30 Martes

1 Miércoles

Julio

2 Jueves

3 Viernes

Julio

Julio

«La intuición es una percepción directa de lo veraz,
que va más allá de la razón, sin oponerse a ella».
EDITH SÁNCHEZ

4 Sábado

5 Domingo

Julio

6 Lunes

7 Martes

8 Miércoles

9 Jueves

10 Viernes

Julio

«Eleva tus palabras, no tu voz,
es la lluvia la que hace crecer las flores, no los truenos».
RUMI

---

11 Sábado

---

12 Domingo

Julio

13 Lunes

14 Martes

15 Miércoles

16 Jueves

17 Viernes

Julio

«Aquel que te ha guiado hasta donde estás te guiará más lejos».

Rumi

18 Sábado

19 Domingo

Julio

20 Lunes

21 Martes

22 Miércoles

Julio

23 Jueves

24 Viernes

Julio

**«Aprende a confiar en lo que está ocurriendo.
Si hay silencio, déjalo aumentar, algo surgirá.
Si hay tormenta, déjala surgir, se calmará».**
El Tao

25 Sábado

26 Domingo

Julio

27 Lunes

28 Martes

29 Miércoles

30 Jueves

31 Viernes

Agosto

«Sé selectivo en tus batallas.
A veces la paz es mejor que tener razón».
BUDA

Agosto

1 Sábado

2 Domingo

Agosto

3 Lunes

4 Martes

5 Miércoles

6 Jueves

7 Viernes

Agosto

«No es el cambio lo que produce dolor, es la resistencia a él».

BUDA

8 Sábado

9 Domingo

10 Lunes

11 Martes

12 Miércoles

13 Jueves

14 Viernes

Agosto

«La sabiduría es la voz interior perdida, quien la encuentre no dudará nunca de ella, porque la conocía desde antes».
ANÓNIMO

15 Sábado

16 Domingo

Agosto

17 Lunes

18 Martes

19 Miércoles

20 Jueves

21 Viernes

Agosto

«Sé tú mismo, los demás puestos están ocupados».

Oscar Wilde

22 Sábado

23 Domingo

Agosto

24 Lunes

25 Martes

26 Miércoles

27 Jueves

28 Viernes

Agosto

«Pensamos demasiado, sentimos muy poco».

El gran dictador

CHARLES CHAPLIN

29 Sábado

30 Domingo

Chakra 5 (Vishudda)

Es un chakra que ya tiene una vibración muy sutil y está acompañado de unos síntomas claros cuando no hay una verdadera expresión o cuando existe un problema en él. Dolores de garganta, rigidez en el cuello, problemas de tiroides. Podríamos hablar de arquetipos definidos para este chakra:

El Comunicador, que después de trabajar con sus chakras inferiores, siente la compasión en el corazón, sabe que si alguien no le escucha no tiene que ver con su capacidad, sino porque el otro no está todavía preparado.

El Ser Enmascarado, en ocasiones es el más bromista, y se siente tan positivo que no pisa la realidad, ocultándose.

Resuena con el color azul y sus minerales son el lapislázuli, que le proporciona profundidad a su conciencia, aportándole claridad y facilidad para comunicar. Turquesa que estimula mucho el chakra y facilita la comunicación a la par que sintoniza con el ser superior.

La aguamarina te ayudará en temas complejos que no ves la salida, y también en el recuerdo de tus sueños. Si no tienes ninguno de estos minerales, pero tienes un cuarzo azul, te ayudará en la comunicación. Es el color preferido de este chakra.

Hay aceites esenciales que le van bien, como la lavanda, el árbol del té, la manzanilla, el vetiver y el eucalipto.

Chakra 6 (Ajna)

Es el chakra de la comunicación interior. Con el que, si todo va bien y en equilibrio, conectamos y confiamos en nuestra sabiduría interior. Sin embargo, si no es ése el caso, nos volvemos perfeccionistas, controladores y nos cuesta aceptar los fallos en los demás, siendo duros de igual forma con nosotros mismos.

Así es que tenemos dos arquetipos claros:

1. Aquel individuo que confía en su instinto como fuente de guía y percepciones únicas.
2. Aquel individuo que elige no confiar en su instinto, intuición y sabiduría interior, de forma que se aferra a sus normas alejándose más y más de su entorno, lo que le limita y genera una fuerte insatisfacción.

Los cristales que resuenan con este chakra son los de color añil o violeta. Por tanto, la amatista es su mineral estrella y la calcita lo amplifica, desarrollando la intuición. La azurita, que le ayuda a desbloquearse y darle protagonismo. La fluorita morada, considerada como el mineral del discernimiento, facilita caminos mentales, pudiendo organizar la información.

Los aceites esenciales que le van bien son el geranio, la rosa, el neroli, el jazmín, la menta, el romero, la albahaca y la salvia.

31 Lunes

1 Martes

2 Miércoles

3 Jueves

4 Viernes

Septiembre

«Confía en tu intuición, en ella está tu sabiduría.
No te engañes con tu mente ordinaria, en ella está tu ego».
BUDA

Septiembre

5 Sábado

6 Domingo

Septiembre

7 Lunes

8 Martes

9 Miércoles

10 Jueves

11 Viernes

Septiembre

«La palabra es mitad de quien la pronuncia, mitad de quien la escucha».
MICHEL DE MONTAIGNE

12 Sábado

13 Domingo

Septiembre

14 Lunes

15 Martes

16 Miércoles

17 Jueves

18 Viernes

Septiembre

«Puedes acariciar a la gente con palabras».

F. SCOTT FITZGERALD

Septiembre

---

19 Sábado

---

20 Domingo

Septiembre

21 Lunes

22 Martes

23 Miércoles

24 Jueves

25 Viernes

Septiembre

«Las palabras de aliento después de la censura son como el sol tras el aguacero».
Johann W. Goethe

Septiembre

26 Sábado

27 Domingo

Ejercicios de Autoevaluación

Chakra 5

¿Sabes que dentro del caos hay un orden? ¿Crees firmemente que nada es casual? Detrás de estas dos cuestiones hay una gran liberación que te recomiendo que experimentes. Este chakra es el de las elecciones, porque estamos constantemente tomándolas, por lo que cualquier enfermedad está relacionada con él.

Te propongo un ejercicio físico cuando no logres expresarte o te sientas insegura al pronunciar tus opiniones.

- Bien sentada en una silla, con los pies bien asentados en el suelo, realiza una profunda respiración.
- Inicia un movimiento circular con la cabeza, lento y, sin llegar hasta el tope de tus posibilidades, hacia el lado derecho, hacia atrás el izquierdo, delante un par de rotaciones hacia un lado y luego hacia el otro.
- Baja la barbilla hacia el pecho y, luego, hacia atrás, un par de veces sin forzar. Este suave movimiento realizado con asiduidad evitará bloqueos y te ayudará en tu expresión.

Autoevalúate

- ¿Qué es para ti tener fuerza de voluntad?
- ¿Sabes o puedes expresarte sinceramente cuando lo necesitas?
- ¿Hay algo o alguien que te haga perder tu fuerza de voluntad? ¿Por qué?
- ¿Eres capaz de, una vez hecho todo lo que podías, dejar de sufrir y ponerlo en manos del universo?

Tu poder es tu voluntad.

Ejercicios de reflexión

Chakra 6

El sexto chakra es donde se junta lo que sé de forma intuitiva y lo que sé intelectualmente, para que surja una visión certera que es mi guía interior.

Este chakra pone todo en marcha para que llegues a alcanzar la sabiduría, y sólo podemos llegar a ella a través de la experiencia de la vida y adquirir, mediante nuestro discernimiento, la objetividad.

Somos llamados a ser conscientes de aquellas cosas que creamos con nuestras actitudes, con nuestras decisiones, en definitiva, antes de hacerse una realidad tangible y física es energía. Hay que aprender a ser guiados por nuestra sabiduría interior y ése es el objetivo del cual no se desvía este chakra.

Ejercicio

Te propongo que enciendas una vela, y la mires fijamente todo lo que puedas sin parpadear. Cuando hayas llegado a tu límite, cierras los ojos y miras en el centro de tus ojos, el punto de tu Ajna, verás la llama. Te recomiendo que practiques para que tu tercer ojo se afiance y tu visión interna crezca.

Autoevalúate

- ¿Qué actitudes te dan poder y cuáles te lo quitan?
- ¿Qué creencias ya no te valen, pero las mantienes?
- ¿Tienes tendencia a criticarte y a criticar?
- ¿Te dan miedo los cambios?

Tu mente es poderosa

Reiki

Conéctate al Reiki y pon las manos cubriéndote la cara, recogiendo en ellas tu Ajna, los ojos, la nariz e incluso los labios. Esta posición genera un profundo descanso en la vista, ayuda en tu respiración y estimula tu visión interna.

Si no estás iniciada, hazlo igual porque se relajarán tus ojos y tu cabeza se despejará.

Tus manos son transmisoras de energía.

Recuerda:

Mantener un diálogo escuchando al otro y siendo asertivo y sincero en tu comunicación es crecer en tu chakra de la garganta.

Recuerda:

Ser consciente de los mensajes que te envía tu intuición y valorarlos hace crecer la confianza en ti, estimulando tu visión interna.

Notas

Reflexiones del trimestre

Trimestre IV

Chakra 7 o Corona (Sahasrara).

Recopilación

Empiezo fuerte. ¡El chakra Corona es un puente al infinito! ¿Te alucina esta afirmación? A mí sí, sobre todo porque es cierta.

Nos da una visión unitaria y, teniéndolo en equilibrio, nos une a nuestra espiritualidad y conocimiento. Con él podemos ver la eternidad en el tiempo y en el espacio, la conexión con la sabiduría, comprendiendo nuestra naturaleza divina.

En él coronamos nuestros proyectos materiales e inmateriales sintiéndonos plenos y agradecidos. Este chakra está unido a la glándula pineal regulándola, al sistema endocrino y al sistema nervioso central. También se identifica con el ayuno y con los vegetales de color violeta.

Nuestro chakra Corona es nuestro puente al cielo y su funcionamiento está unido a todos los demás, de forma que completa y redondea este sistema que hemos expuesto a lo largo del año con todos sus secretos.

La red que se conforma entrelaza a unos chakras con otros, empezando con nuestra raíz bien sujeta a la tierra, aportándonos la consistencia, la salud y la vitalidad para que, en nuestro segundo chakra, creemos nuestras visiones y proyectos que seguirán en ascenso para darles presencia en el tercero y dotándolo de vida y emoción en el cuarto, para seguir subiendo al de nuestra garganta para compartirlo.

Nuestra visión en el sexto lo pulirá y le dará la esencia que necesita para, finalmente, coronarlo en el séptimo, haciendo realidad tus proyectos y dotándolos de éxito y de la eficacia que necesitan.

¡Ya ves! Todos tus proyectos anhelos, tu vida entera sigue este recorrido. En ocasiones, se queda atascado en algún punto y no llega a su destino, que es coronarlo. Pero con todo lo que hemos aprendido, tienes mucho más conocimiento para detectar y analizar qué punto debes gestionar mejor o corregir.

Conocernos a nosotros mismos es el mayor logro de nuestra vida y esta Agenda te va a ayudar mucho a cambiar tu punto de vista, insuflando inspiración a todo aquello que te plantees realizar.

Encaramos el último trimestre con alegría compartida, con armonía y determinación.

¡Vamos allá!

Septiembre / Octubre

28 Lunes

29 Martes

30 Miércoles

1 Jueves

2 Viernes

Septiembre

Octubre

**«La espiritualidad es cierto estado de conciencia.
Es un estado de gracia que uno obtiene dentro de su propio corazón
y que debemos encontrar por nosotros mismos».**
SRI RAM

3 Sábado

4 Domingo

Octubre

5 Lunes

6 Martes

7 Miércoles

8 Jueves

9 Viernes

Octubre

«Religión es creer en la experiencia de otro.
Espiritualidad es crear y tener tu propia experiencia».
DEEPAK CHOPRA

10 Sábado

11 Domingo

Octubre

Octubre

12 Lunes

13 Martes

14 Miércoles

15 Jueves

16 Viernes

Octubre

«Mi religión consiste en una humilde admiración del ilimitado espíritu superior que se revela en los pequeños detalles que somos capaces de percibir con nuestra frágil y débil mente».

Albert Einstein

17 Sábado

18 Domingo

Octubre

19 Lunes

20 Martes

21 Miércoles

22 Jueves

23 Viernes

Octubre

«La religión es para las personas que le temen al infierno, la espiritualidad es para las personas que han estado allí».
DAVID BOWIE

24 Sábado

25 Domingo

Octubre

26 Lunes

27 Martes

28 Miércoles

29 Jueves

30 Viernes

Noviembre

«Todo está conectado con todo lo demás».

DEEPAK CHOPRA

31 Sábado

1 Domingo

Noviembre

Chakra 7 o Corona (Sahasrara)

Este último chakra está unido y regula la glándula pineal, el sistema endocrino y el nervioso central, nada menos. Cuando este centro se abre nos permite acceder a otros estados de conciencia incomprensibles para aquellos que no están en contacto con él. Es el centro de unión de todas las energías de nuestro cuerpo y, por eso, nos acerca al universo. Todo lo que hemos visto en el quinto y sexto chakra queda ampliado en este séptimo y nos conecta a todas las cosas sintiendo el conocimiento.

Con la abertura de Sahasrara nuestras posibilidades se amplían y conectamos con el espacio/tiempo. La intelectualidad deja paso al conocimiento y a la sabiduría.

Está unido al color violeta, dorado y blanco, también al concepto del ayuno y a los vegetales violetas.

Sus cualidades positivas son la voluntad espiritual, el servicio y la sabiduría divina. Sin embargo si está cerrado notaremos falta de inspiración, sensación de pérdida, nos sentiremos confundidos y desorientados.

Permíteme que haga una reflexión. Seguro que recuerdas la desgracia de la DANA que sucedió a finales del 2024, en la zona del Mediterráneo español más concreto en Valencia. Una desgracia con algún precedente, pero ninguna con el nivel tan trágico y grave como el que ocurrió. Allí fueron voluntarios de todo el país, y no hablo de bomberos, policías o militares, sino de personas que cargaron sus coches y fueron con la idea de «servicio», de ayudar el máximo posible, consolar, aportar comidas y enseres, todo aquello que pudieron ofrecer. Hubo historias que nos conmovieron hasta el llanto, y muchas personas fueron tocadas por ese milagro.

¿Ya has reconocido la localización de esa idea? ¡Si! El chakra Corona. Trabajaron incansablemente, otros dejaron de hacerlo en sus sitios habituales para pedir permiso e ir a Valencia y, mientras, su cuerpo se cansaba, sin saberlo su chakra Corona se abría y la solidaridad crecía. Aquellos que eran tocados por ellos y compartían su espacio eran tocados, a su vez, por su energía vibrante y amorosa. Ése, en realidad, fue el milagro oculto de aquellos días cercanos a la Navidad, de una tragedia sin precedentes. Hubieron muchos muertos, desgracias materiales incontables. La vida mostró esa intensidad que en ocasiones nos abruma, tanto en lo bueno como en lo malo.

La tragedia que se vivió, la palparon muchas personas, pero lo bueno que hubo también hay que resaltarlo, y mucha gente estuvo tocada por ello.

Las esencias que ayudan al séptimo chakra son el neroli, la lavanda, la rosa, el incienso, la mirra y el palo de rosa.

Los cristales que resuenan son los cuarzos transparentes, los hay maestros, ¡búscalos!, son una inversión en tu vida.

«La espiritualidad presupone ciertas cualidades entre las cuales cabe destacar la toma de conciencia de la dimensión trascendente, la sensación de asombro, amor y gratitud, así como también la compasión y la bondad. La espiritualidad sana fomenta la libertad, la autoestima y la responsabilidad social. No niega nuestra humanidad, sino que, por el contrario nos alienta a escuchar nuestro corazón y a confiar en la sabiduría de la intuición».

Sombras de lo sagrado
DRA. FRANCES VAUGHAN

Noviembre

2 Lunes

3 Martes

4 Miércoles

5 Jueves

6 Viernes

Noviembre

Noviembre

**«Doy a luz a los dioses y las diosas que están en mi interior.
Ellos expresan todos sus atributos y poderes a través de mí».**
SHIVA-SHAKTI

7 Sábado

8 Domingo

Noviembre

9 Lunes

10 Martes

11 Miércoles

12 Jueves

13 Viernes

Noviembre

«La fuerza no procedo de la capacidad corporal, sino de la voluntad del alma».

GANDHI

14 Sábado

15 Domingo

16 Lunes

17 Martes

18 Miércoles

19 Jueves

20 Viernes

Noviembre

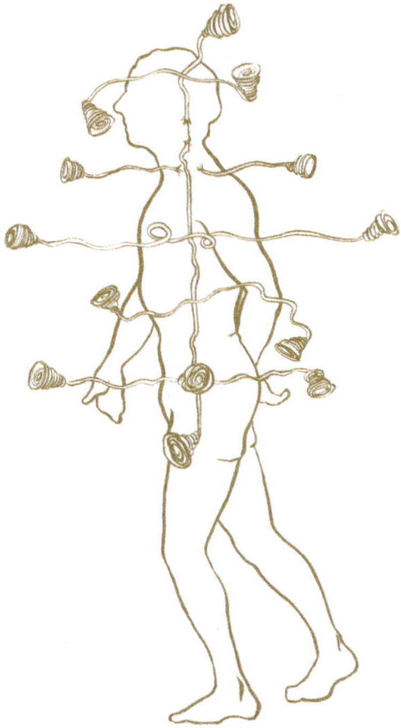

«Cuando uno de los sistemas energéticos del cuerpo presenta un desequilibrio crónico o, cuando varios sistemas no están en sintonía, el cuerpo tampoco lo está».

D. Eden, D. Feinstein

21 Sábado

22 Domingo

23 Lunes

24 Martes

25 Miércoles

26 Jueves

27 Viernes

Noviembre

«La tierra no es una herencia de nuestros padres, sino un préstamo de nuestros hijos».

Proverbio hindú

28 Sábado

29 Domingo

Noviembre / Diciembre

30 Lunes

1 Martes

2 Miércoles

3 Jueves

4 Viernes

Diciembre

«Existe una vinculación entre el primer chakra y la gravedad, que constantemente nos atrae hacia abajo y nos conecta con nuestra existencia material».

M. Corroto

5 Sábado

6 Domingo

Diciembre

7 Lunes

8 Martes

9 Miércoles

10 Jueves

11 Viernes

Diciembre

«El segundo chakra nos conduce a la certeza de que la vida merece la pena ser vivida».

M. Corroto

12 Sábado

13 Domingo

Diciembre

14 Lunes

15 Martes

16 Miércoles

17 Jueves

18 Viernes

Diciembre

«Soy un ser en evolución constante que me conduce a incrementar mi poder y mi fuerza de voluntad».

M. Corroto

19 Sábado

20 Domingo

Diciembre

Diciembre

21 Lunes

22 Martes

23 Miércoles

24 Jueves

25 Viernes

Diciembre

«El cuarto chakra es un puente entre el mundo del espíritu y el de la materia».

M. Corroto

26 Sábado

27 Domingo

Diciembre / Enero 2027

28 Lunes

29 Martes

30 Miércoles

31 Jueves

1 Viernes

Enero 2027

«El quinto chakra, desarrollado y cultivado, me conduce a elegir las palabras valiosas para la verdadera comunicación».

M. Corroto

2 Sábado

3 Domingo

Reiki

Tips para orientarte durante una sesión

Notas la energía muy caliente y densa.

- Energía que va principalmente a los primeros centros para reforzar la fortaleza física, el sistema inmune, etc.

Notas la energía templada en tus manos, no intensa.

- Energía para fortalecer la zona media, emociones, comunicaciones, asentar temas y conceptos.

Notas una energía fría y la persona también nota frío interior.

- Energía de altísima vibración, que va a ayudar a la persona a alcanzar su máximo potencial espiritual.
- Nunca podrás decidir la energía que vas a canalizar, siempre lo hace el receptor aunque no lo sepa.
- Él/Ella hacen la mezcla perfecta para que tú la transmitas. Y es que, al final, sólo somos un canal.

Información adicional

Sabes que este trimestre es, además, un compendio de todo lo que hemos visto durante el año, por eso me gustaría dejarte un resumen para que, de nuevo, fijaras toda la información y la asimiles de forma que la puedas incorporar a tu vida cotidiana, a fin de que su uso sea fácil y te ayude a trabajar sobre ti misma. Ya sabes aquella reflexión de Confucio:

«El que se conquista a sí mismo, es el guerrero más poderoso».

Anatomía de la Energía

Chakra 1

Órganos

Soporte físico del cuerpo.
Base de la columna.
Piernas.
Huesos.
Pies.
Recto.
Sistema inmunitario.

Manifestaciones mentales y/o emocionales

Seguridad física en familia o en grupo.
Capacidad de proveerse de lo que necesita.
Capacidad de hacerse valer y defenderse.
Sentirse a gusto en casa.
Orden social y familiar.

Disfunciones físicas

Dolor crónico en la parte baja de la espalda.
Ciática, varices.
Tumor o cáncer rectal.
Depresión.
Trastornos relacionados con la inmunidad.

Chakra 2

Órganos

Órganos sexuales.
Intestino grueso.
Vértebras inferiores.
Pelvis.
Apéndice.
Vejiga.
Caderas.

Manifestaciones mentales y/o emocionales

Acusación y culpabilidad.
Dinero y sexualidad.
Poder, dominio.
Creatividad.
Relaciones.
Ética y honor en las relaciones.

Disfunciones físicas

Dolor en parte baja de la espalda.
Trastornos ginecológicos.
Dolor pélvico. Potencia sexual.
Problemas urinarios.

Chakra 3

Órganos

Abdomen.
Estómago.
Intestino delgado.
Hígado.
Vesícula biliar.
Riñones.
Páncreas.
Glándulas suprarrenales. Bazo.
Parte central de la columna.

Manifestaciones mentales o emocionales

Confianza.
Miedo e intimidación.
Estima y respeto propio.
Confianza y seguridad en sí misma.
Responsabilidad para tomar decisiones.
Sensibilidad a la crítica.
Honor personal.

Disfunciones físicas

Artritis.
Úlceras gástricas o duodenales.
Afección del colón.
Intestinos.
Pancreatitis. Diabetes.
Indigestión crónica o aguda.
Anorexia. Bulimia.
Disfunción hepática. Hepatitis.
Disfunción suprarrenal.

Chakra 4

Órganos

Corazón y sistema circulatorio.
Pulmones.
Hombros y brazos.
Costillas.
Pechos.
Diafragma.
Glándula timo.

Manifestaciones mentales o emocionales

Amor y odio.
Resentimiento y amargura.
Aflicción y rabia.
Egocentrismo.
Soledad y compromiso.
Perdón y compasión.
Esperanza y confianza.

Disfunciones físicas

Fallo cardíaco.
Infarto de miocardio.
Cardiomegalia.
Asma/alergia.
Cáncer de pulmón.
Neumonía bronquial.
Parte superior de la espalda y hombros.
Cáncer de mama.

Chakra 5

Órganos

Garganta.
Tiroides.
Tráquea.
Vértebras cervicales.
Boca, dientes y encías.
Esófago.
Paratiroides.
Hipotálamo.

Manifestaciones mentales o emocionales

Elección y fuerza de voluntad.
Expresión personal.
Seguir los propios sueños.
Uso del poder personal para crear.
Adicción.
Juicio.
Crítica.
Fe y conocimiento.
Capacidad para tomar decisiones.

Disfunciones físicas

Ronquera. Irritación crónica de garganta.
Úlceras bucales.
Afecciones de las encías.
Afecciones temporomaxilares.
Escoliosis.
Laringitis.
Inflamación de ganglios. Trastornos tiroideos.

Chakra 6

Órganos

Cerebro.

Sistema nervioso.

Ojos.

Oídos.

Nariz.

Glándula pineal.

Glándula pituitaria.

Manifestaciones mentales o emocionales

Autoevaluación.

Verdad.

Capacidades intelectuales.

Sensación de capacidad.

Receptividad a las ideas de otras personas.

Capacidad para aprender de las experiencias.

Inteligencia emocional.

Disfunciones físicas

Tumor cerebral, derrame, embolia, trastornos neurológicos.

Ceguera.

Sordera.

Trastornos en toda la columna.

Problemas de aprendizaje.

Ataques epilépticos.

Chakra 7

Órganos

Sistema muscular.

Sistema esquelético.

Piel.

Manifestaciones mentales o emocionales

Capacidad de confiar en la vida.

Valores, ética y valentía.

Humanitarismo.

Generosidad.

Visión global de las situaciones.

Fe e inspiración.

Espiritualidad y devoción.

Disfunciones físicas

Trastornos energéticos.

Depresión mística.

Agotamiento crónico.

Sensibilidad extrema a la luz, al sonido y a cualquier otro factor ambiental.

Algo más del séptimo

Este maravilloso chakra nos permite conectar con nuestra espiritualidad. Además de que es también un punto de entrada energética vibrante y ligera que inunda nuestro cuerpo.

A los recién nacidos se les pone un gorrito los primeros días para que estén más calentitos y no pierdan la energía por la cabeza y, por ese mismo motivo, utilizamos un gorro cuando hace mucho frío. (Nada es porque sí).

La evolución personal nos permite entrar en contacto con nuestra espiritualidad de forma directa, sin mediadores. Nos incita a desear una conexión íntima con lo divino en todo aquello que hacemos.

Cuando sentimos esa llamada, es que nuestro nivel de maduración evolutiva ha avanzado y nos conduce a ese deseo que es distinto del religioso, ya que es una sintonía individual que nace en nosotros y nos guía hacia una madurez personal que nos compromete en el día a día.

Este despertar se ha descrito de muchas formas a lo largo de la historia, en función del lugar y la cultura, pero, afortunadamente, sigue ocurriendo, y en muchas personas, no solamente en monjes o monjas, sino también fuera de los monasterios, en personas laicas que hemos experimentado esa llamada y tenemos nuestras prácticas en la intimidad de nuestro hogar.

Vamos a realizar un autoexamen:

- ¿Te has preguntado alguna vez por la finalidad de tu vida?
- ¿Has deseado alguna vez ser sanada?
- ¿Piensas alguna vez que has cometido errores en tus decisiones?
- ¿En los momento de zozobra has pensado que se fraguaba un cambio importante dentro de ti?

Ya ,por último, te regalo ¡los sonidos de los chakras! No es que hagan ese sonido en sí mismos, sino que son afines a él. Según distintas tradiciones como el hinduismo o el budismo, cuando los emites o los oyes, éstos se ponen en movimiento activándose, equilibrándose y armonizándose.

El sonido nos influye en nuestra energía, de ahí que funcione la musicoterapia.

Puedes utilizarlos en meditación, por ejemplo, si te sientes decaída, el sonido del chakra Raíz te ayudará a pensar en esos sonidos en silencio. También los alineará activándolos.

La práctica de cantarlos se llama ***Japa*** y se debe realizar teniendo en cuenta la respiración de forma consciente.

¡Buena experiencia!

Lam = Raíz
Vam = 2.º chakra
Ram = Plexo Solar
Yam = Corazón
Ham = Cuello
Sham= 6.º Ajna
Om =7.º chakra

Recuerda:

Cuando estás en silencio mirando la lluvia, trabajas con tu séptimo chakra. Cuando decides hacer un poco de ayuno para desintoxicarte, también lo haces. Cuando eres generosa, estás inspirada y confías en tu espiritualidad, trabajas con tu Sahasrara.

Recuerda:

Todo lo que realizas en tu vida tiene que ver con tu energía y tus chakras.

Despedida

¡He llegado al final! Te tengo que decir que ha resultado ser una Agenda/reto, no pensé en ningún momento al iniciarla que aprendería tanto de lo consultado, re-leído, de lo que sabía y no sabía que lo sabía, y de lo que sí sabía. En fin, soy mejor ahora que cuando la empecé.

También sé que he renovado compromisos conmigo misma y me he dado cuenta de partes mías que estaban adormiladas y somnolientas.

Ahora me siento confiada y reforzada en mi camino personal, vigorizada en lo que he visto de nuevo (y todo gracias a ti). Por eso deseo que la Agenda con su magia, con todo el amor que contiene y la fe en ti, lector@, amig@, te conduzca y acompañe al lugar donde tú necesitas llegar.

Gracias por dejarme crecer un año más, por hacer posible este milagro de ***Amor*** y voluntades.

Feliz Año querid@, siempre tuya.
MAITE CORROTO

«Finalmente, encontré mi ritmo cuando me di cuenta de que los pasos para atrás también eran parte del baile».
MELODY GODFRED

Recopilación de experiencias y avances del año

Recopilación de experiencias y avances del año

Direcciones útiles

Nombre:

Dirección, ciudad, código postal:

Teléfono particular: Móvil:

Correo electrónico:

Nombre:

Dirección, ciudad, código postal:

Teléfono particular: Móvil:

Correo electrónico:

Nombre:

Dirección, ciudad, código postal:

Teléfono particular: Móvil:

Correo electrónico:

Nombre:

Dirección, ciudad, código postal:

Teléfono particular: Móvil:

Correo electrónico:

Nombre:

Dirección, ciudad, código postal:

Teléfono particular: Móvil:

Correo electrónico:

Nombre:

Dirección, ciudad, código postal:

Teléfono particular: Móvil:

Correo electrónico:

Nombre:

Dirección, ciudad, código postal:

Teléfono particular: Móvil:

Correo electrónico:

Nombre:

Dirección, ciudad, código postal:

Teléfono particular: Móvil:

Correo electrónico:

Nombre:

Dirección, ciudad, código postal:

Teléfono particular: Móvil:

Correo electrónico:

Nombre:

Dirección, ciudad, código postal:

Teléfono particular: Móvil:

Correo electrónico:

Nombre:

Dirección, ciudad, código postal:

Teléfono particular: Móvil:

Correo electrónico:

La autora

Maite sigue en su proceso de formación/observación/vida, explorando y convirtiéndose en esencia lentamente.

Colabora en ocasiones dando charlas de diferentes temas, en los que sigue interesada dispuesta a compartir.

Dándole vida a la vida, saboreándola y trabajando sin cuartel en el aquí y ahora.

Sus obras que podéis adquirir y consultar son:

Cuaderno para vivir la menopausia cómodamente

Una ayuda inestimable para iniciar los cambios que acompañan a toda mujer, reivindicándola con otros códigos, otras necesidades que son imprescindibles tener en cuenta. El Cuaderno, sin duda, es un paso básico que te ayudará.

Cuaderno para trabajar tu timidez
Los olvidados y malinterpretados tímidos… Un cuaderno que, sin duda, les ayudará a conocerse mejor y a trabajar con una buena gestión, para que la timidez deje de ser un problema.

Ambos, al igual que ***La Agenda del Reiki*** son de Ediciones Obelisco, su editorial de cabecera.

La Agenda que cada año crea, siendo su voz y puesta en común más activa, donde aboca sus experiencias, descubrimientos y su amor por acompañar e inspirar a todos aquellos que la tengan.

Licenciada en Ciencias Sociales, maestra de Reiki Usui, y Reiki Karuna, Rayos de color, Aromaterapeuta, Coach, PNL, Aura soma, Quiromasajista, Dietista, y comunicadora porque ésa es su misión.

Puedes contactar con ella o seguirla en:
www.twitter.com/@MaiteCorroto
www.facebook.com//maitecorroto
www.instagram.com//@maitecorroto
m.corroto@hotmail.com

Índice

Recuerda

¡Las manos hablan de ti!